AF254144

DISCOURS

DE

M. CHESNELONG

DÉPUTÉ DES BASSES-PYRÉNÉES

PRÉSIDENT

DE L'ASSEMBLÉE GÉNÉRALE DES COMITÉS CATHOLIQUES

DE FRANCE

Prononcé dans la séance du 19 mai 1873

PARIS

TYPOGRAPHIE GEORGES CHAMEROT

RUE DES SAINTS-PÈRES, 19.

1873

———

DISCOURS

DE M. CHESNELONG

DÉPUTÉ DES BASSES-PYRÉNÉES

PRÉSIDENT

DE L'ASSEMBLÉE GÉNÉRALE DES COMITÉS CATHOLIQUES

DE FRANCE.

PRONONCÉ DANS LA SÉANCE DU 19 MAI 1873.

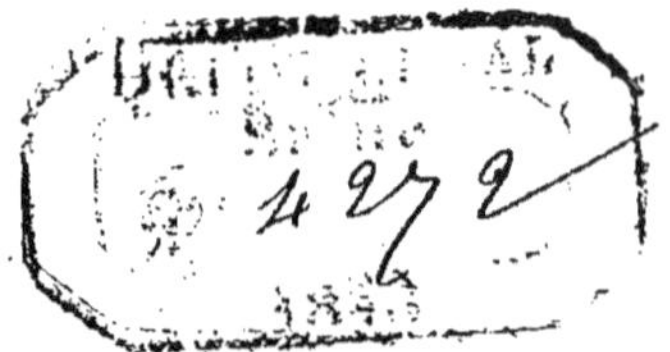

———

Monseigneur (1), Messieurs,

En me levant à cette place, qui fut occupée l'année dernière avec une distinction à la fois si modeste et si élevée et que votre bienveillance m'assigne aujourd'hui, je ne puis me défendre d'une émotion où l'appréhension de ma tâche se mêle à la reconnaissance. Si je n'avais consulté que mon goût, je serais venu, obscur soldat de la cause catholique, prendre rang derrière ces grands chrétiens, nos modèles à tous, qui ont fondé et qui dirigent cette œuvre avec un si admirable dévouement. Mais,

(1) Mgr l'archevêque de Paris.

1

quel qu'eût été mon désir de me dérober à l'honneur, je n'ai pas cru qu'il me fût permis de décliner le devoir. Vous m'avez appelé, et j'ai obéi, sachant bien que je ne puis apporter qu'un humble grain de sable à l'œuvre commune, mais sachant aussi que je trouverai une force dans votre sympathie et au besoin un refuge dans votre indulgence. Je me confie à l'une et à l'autre.

J'ai parlé d'une œuvre commune. Quelle est cette œuvre ? Pourquoi sommes-nous ici ?

Sommes-nous en quête d'une vérité nouvelle ? Non ; nous avons une doctrine certaine, immuable, qui n'est pas autre en deçà du méridien et autre au delà, aussi haute que Dieu d'où elle émane, aussi impérissable que l'âme humaine, dont elle est la loi suprême, et dont elle proclame l'immortelle vocation. Disciples de cette doctrine, nous mettons notre honneur à reconnaître qu'il n'y a rien au-dessus d'elle, parce qu'il n'y a rien au-dessus de la parole de Dieu, gardée par le chef infaillible de son Église. Nous n'aspirons pas à une vérité qui soit notre conquête personnelle ; nous sommes en possession d'une vérité qui nous a été enseignée, et nous la conservons comme notre plus cher trésor. (Applaudissements.)

Avons-nous la prétention de nous ingérer dans le gouvernement des choses religieuses, et, sans marchander l'obéissance, de partager cependant la direction ? Non ; nous nous inclinons devant les pasteurs qui ont mission de nous conduire. Ils sont nos pères dans la foi ; nous ne voulons être que les plus soumis de leurs enfants. Ils sont nos chefs ; nous n'ambitionnons que d'être leurs soldats d'avant-garde, et, s'il le faut, leurs défenseurs et leurs soutiens. (Bravo ! Très-bien !)

Avons-nous le dessein caché d'organiser, sous une en-

seigne religieuse, des moyens d'action politiques? Non.
Nous agissons au grand jour; la publicité est notre arme
et notre bouclier; nous ne la redoutons pas. Que l'erreur
garde ses sociétés secrètes; nous, nous n'en voulons pas.
Notre œuvre se montre telle qu'elle est, et ne dissimule
ni son caractère ni son but.

Propager et féconder les œuvres du dévouement catholique, revendiquer leur liberté si elle est menacée, et
puis, à cette propagande de doctrines subversives qui, de
Dieu à l'enfant, s'attaquent aux majestés les plus hautes
et aux faiblesses les plus sacrées, opposer la défense
énergique de ces affirmations chrétiennes qui, pour les
gouvernants comme pour les gouvernés, pour les esprits
les plus éminents comme pour les plus humbles intelligences, pour la richesse comme pour la pauvreté, pour
la patrie comme pour la famille, sont des lumières, des
forces et des garanties, telle est la tâche que vous avez
entreprise; vous n'en poursuivez pas d'autre. (Applaudissements.)

Que dans son accomplissement vous ayez à invoquer
et à soutenir ces principes d'ordre moral, de justice et
de charité sociale, sans lesquels on ne saurait rien fonder, en politique, de bienfaisant, de fécond et de durable,
je n'y contredis pas. C'est l'honneur de la vérité catholique, dont nous sommes ici les serviteurs dévoués,
d'être une vérité universelle, précisément parce qu'elle
est une vérité divine : et de même qu'elle vivifie tout ce
qu'elle touche, elle frappe de stérilité tout ce qui se fait
en sens contraire de ses lois.

Mais si, par ces côtés, notre œuvre ne peut échapper
à cette solidarité de la religion et de la politique, qui est
pour la société ce qu'est pour l'homme la solidarité de

l'âme et du corps, j'ose dire pourtant qu'elle est au-dessus de la politique proprement dite, et qu'elle ne touche pas à ses divisions sur les questions contingentes. Nos comités sont des comités catholiques : il y a là une grande pensée qui se suffit à elle-même; vous saurez lui maintenir le caractère qui lui est propre.

` Venons-nous enfin supplanter ou absorber les autres œuvres qui sont partout offertes au zèle des catholiques? Non encore, Messieurs. Ces œuvres sont, en quelque sorte, les sœurs aînées de la nôtre; nous essayerons de pénétrer là où elles n'existent pas, pour les susciter, et non pour les remplacer; et là où elles existent, nous essayerons d'un côté d'accroître leurs forces en leur offrant un centre de ralliement, de l'autre de compléter leur action en portant nos efforts sur les points où leur dévouement ne s'exerce pas.

Et qu'ai-je besoin, Messieurs, d'insister à cet égard?

Certes, parmi les œuvres que la France catholique s'honore d'avoir inspirées, il n'en est aucune qui, par sa vaste diffusion et par l'importance de ses bienfaits, soit au-dessus de notre chère société de Saint-Vincent de Paul. Eh bien, le vénéré président général de cette société, l'homme apostolique, — vous me permettrez de lui appliquer une désignation réservée d'ordinaire aux vertus consacrées par l'onction du sacerdoce : car c'est la seule qui puisse répondre à la grandeur de sa foi et de sa charité, — l'homme apostolique, dis-je, dont je ne puis rappeler le nom sans le saluer d'un hommage de respect, M. Baudon, est l'un des fondateurs des comités catholiques. Ce seul fait répond à tout. (Vifs applaudissements.) — Vous n'êtes donc pas une œuvre rivale; vous êtes un rameau fraternel de ce grand arbre qui s'appelle le dévouement catholique, et dont l'inépuisable séve monte et se répand dans les nouveaux produits de sa végétation toujours jeune et toujours féconde, sans pour cela se détourner de ses premiers jets.

Quelle est donc la mission spéciale des comités catholiques? Messieurs, leur origine nous trace, en quelque sorte, leur voie.

C'était pendant le siége. L'étranger occupait le sol de la patrie; la capitale était investie. A Reischoffen comme à Gravelotte, à Wissembourg comme à Bazeilles, notre armée, héroïque comme dans ses plus grands jours, avait, hélas! succombé sous le nombre; la puissance d'une savante organisation avait eu raison de la vaillance de nos soldats. Plus de forces régulières, plus de gouvernement, plus d'espoir dans un retour de fortune. On n'allait plus au combat; on marchait au sacrifice. La fièvre de la résistance surexcitait pourtant tous les courages; et puisque la France devait tomber, on voulait du moins que la gloire d'un immense holocauste rachetât sa défaite.

Et ce n'était pas assez de subir chez nous l'injure de l'invasion étrangère. En Italie, l'auguste représentant du droit évangélique, le glorieux Pontife que Dieu avait destiné sans doute à offrir dans ce siècle de catastrophes le double exemple de la puissance noblement exercée et du malheur dignement supporté, — car nous l'avons vu personnifier sur le trône la justice qui se dévoue, la conscience qui résiste et la mansuétude qui pardonne; et nous le voyons aujourd'hui donner au monde le magnifique spectacle de la grandeur morale défiant les brutalités de la force, et de la magnanimité éclatant dans l'oppression, — en Italie donc, le Vicaire de Jésus-Christ était dépouillé de son dernier reste de pouvoir temporel par une violence sacrilége; et c'était une puissance créée par nos armes qui profitait de nos malheurs pour déchirer des traités garantis par la parole de la France, et jeter dans le monde catholique une immense perturbation. Au milieu de nos douleurs nationales, ce fut là une de nos plus cruelles souffrances; car elle nous blessait dans ce que nous avons de plus intime et de plus cher, dans la dignité de notre foi et dans l'honneur de notre pays. (Très-bien ! — C'est vrai ! — Applaudissements.)

Or, à cette heure sombre où les frémissements du patriotisme humilié agitaient toutes les âmes, il se trouvait des hommes pour arracher le crucifix de nos écoles, préparer la Commune dans l'ombre, et préluder par des essais d'insurrection à la sinistre explosion du 18 mars. C'était la Révolution veillant sur sa proie et poursuivant ses desseins de destruction à travers les désastres de la patrie.

Mais, au même moment, d'autres hommes, des hommes de cœur et de foi, de vrais Français ceux-là, ne voulaient pas désespérer du relèvement de l'Église et de la France, qu'ils ne séparaient pas dans leurs poignantes préoccupations. Ils se réunissaient, en petit nombre d'abord, dans un quartier retiré de Paris; et là, pendant cette veillée des armes, entre la résistance nationale qui prolongeait sa glorieuse agonie et les tentatives révolutionnaires qui éclataient comme l'annonce de nouveaux malheurs, ils formaient le noble dessein de s'unir pour lever leurs bras vers Dieu, tendre la main à la France meurtrie et tâcher de lui rendre, avec quelques élans de sa vieille foi, le secret de sa grandeur voilée et de son prestige affaibli. (Bravo ! — Très-bien ! — Applaudissements.)

C'est ainsi, Messieurs, que le premier comité catholique a été fondé; il avait jailli d'un acte d'espérance chrétienne et d'angoisse patriotique.

L'œuvre s'est développée en restant fidèle à sa pensée originaire; et nous voici réunis pour l'affermir, en lui maintenant le caractère d'une œuvre religieuse qui doit être aussi une œuvre sociale.

Oui, nous admirons les œuvres spirituelles qui ont pour but de prendre les âmes une à une en quelque sorte, et de les ramener à Dieu si elles s'en détournent.

Oui, nous tenons par toutes les fibres de notre cœur à ces œuvres charitables qui ont pour mission de relever les faibles, de soulager les malheureux, de venir en aide aux délaissés et aux souffrants.

Ces œuvres sont grandes et nécessaires; nous serons toujours prêts à les seconder de tous nos efforts.

Mais à côté d'elles, je ne dis pas en dehors d'elles, notre temps réclame, j'en suis convaincu, une œuvre nouvelle qui s'attache plus particulièrement à ce que je pourrais appeler le côté social de l'action catholique. Cette œuvre, c'est la vôtre, messieurs, et pour en montrer l'opportunité, je n'ai qu'à jeter un regard rapide sur le travail que font à cette heure les doctrines antichrétiennes.

On veut chasser Dieu de nos écoles et faire la nuit religieuse dans l'âme de nos enfants; on se sert de la science comme d'une arme contre la foi; les lettres et les arts se matérialisent et demandent trop souvent à des émotions malsaines des triomphes déshonorés; la conscience publique se pervertit et s'affaisse; les caractères se détrempent; la société vacille sur ses bases ébranlées; la civilisation chrétienne, dont Rome et la France étaient les deux grands foyers, semble menacée à la fois dans les principes qui en étaient le fondement, dans les sentiments qui en étaient l'honneur, dans les productions d'une inspiration si pure et d'un goût si exquis qui en étaient l'éclat.

Prisonnière à Rome dans son chef, esclave dans cette héroïque et infortunée Pologne dont le nom ne peut être prononcé sans éveiller un écho de sympathie pour le courage et pour le malheur, mutilée dans ses droits par le germanisme prussien, atteinte en Suisse dans son organisation par des lois d'oppression qui sont un outrage à la conscience religieuse, en butte presque partout et tour à tour aux ombrages des pouvoirs et aux haines de la Révolution, l'Église subsiste toujours par sa force divine ; mais, tout en étant sûre de l'avenir, elle traverse la plus formidable des épreuves.

Est-ce tout ? Non, Messieurs. Notre France bien-aimée, cette France qui avec Clovis avait décidé de la foi de l'Occident, qui avec Charles Martel avait arrêté l'irruption de la servitude musulmane, qui avec Charlemagne avait discipliné les races barbares, qui avec saint Louis avait marqué le glorieux épanouissement de la monarchie chrétienne, qui avec Jeanne d'Arc avait reconquis sa nationalité, qui avec Henri IV avait placé la dignité de sa foi sous la garde d'une pacification qui consacrait sa victoire, qui, par ses grands génies du dix-septième siècle, s'était assuré une prééminence intellectuelle dont l'honneur survit à ses revers, — cette France si habituée à remuer le monde que, lorsqu'à la fin du dernier siècle elle bouleversa violemment toutes les conditions de son existence sociale, elle suscita dans l'Europe entière une commotion universelle, dont le retentissement dure encore ; — nous la voyons aujourd'hui, incertaine de son avenir, après avoir depuis quatre-vingts ans touché à tous les sommets de la puissance et à toutes les extrémités de l'abaissement, se demander avec anxiété si les divisions, nées des vicissitudes de sa destinée, ne la jetteront pas demain à la merci de quelques sophistes sans foi et de quelques démagogues sans loi. (Sensation prolongée.)

Est-ce que j'ai chargé le tableau, Messieurs? Est-ce que j'ai exagéré le péril, péril pour tout ce que nous respectons et pour tout ce que nous aimons, péril pour nos foyers, péril pour notre patrimoine intellectuel et moral, péril pour notre foi religieuse et pour notre vie nationale ?

Eh bien, d'où vient ce péril? Pourquoi donc la société du dix-huitième siècle a-t-elle sombré? Pourquoi notre société du dix-neuvième siècle n'a-t-elle pas retrouvé ses assises?

Le P. Lacordaire l'a dit d'un mot, et je vous demande la permission de le répéter après lui : la cause de cette destruction et de cette impuissance de reconstruction, c'est que Jésus-Christ était sorti de la société du dix-huitième siècle, et que nous l'avons tenu éloigné de la nôtre. (C'est vrai! Très-bien !)

A l'œuvre donc, Messieurs, pour rendre à Jésus-Christ la place qui lui appartient dans nos institutions, dans nos lois, dans nos mœurs, dans notre vie domestique, dans notre vie sociale ! Il est verbe et lumière, en même temps que sauveur. Faisons-le rentrer dans l'enseignement pour qu'il l'élève en le purifiant, dans la science pour qu'il l'épure en la fécondant, dans la littérature pour qu'il la grandisse en lui ouvrant les horizons des grandes pensées et des nobles sentiments, dans l'art pour qu'il l'arrache aux dégradations d'un réalisme abaissé, et qu'il le fasse monter vers ces régions supérieures où le bien et le beau rayonnent dans une splendeur commune, dans la société pour qu'il lui rouvre les voies de la sécurité dans l'ordre et de la liberté dans le respect, dans notre France enfin, pour qu'elle redevienne la nation très-chrétienne et qu'elle retrouve dans ce retour à ces antiques croyances le gage nécessaire de sa rénovation et de son salut. (Applaudissements.)

Voilà pourquoi, Messieurs, les comités catholiques se sont constitués, et voilà dans quel but nous venons aujourd'hui rapprocher nos cœurs et retremper nos forces.

Aussi bien le moment est solennel. Il semble que nous touchions à une crise décisive de l'histoire de l'humanité.

La question capitale et suprême est véritablement posée. Il ne s'agit plus seulement de savoir quelles seront dans le gouvernement des peuples les parts respectives de l'autorité et de la liberté; c'est le principe même de l'autorité et de la liberté qui est en péril. On ne repousse plus seulement tel ou tel dogme religieux, telle ou telle vérité morale; ce n'est plus le protestantisme se séparant de l'Église, mais retenant Jésus-Christ et son Évangile; ce n'est plus même la philosophie du dix-huitième siècle raillant le surnaturel sous toutes ses formes, mais n'osant cependant nier le Créateur à la face de son soleil; c'est Dieu lui-même qui est mis à l'écart, comme une hypothèse inutile.

Comme la vérité, l'erreur a sa logique; elle a formulé la négation totale. Un monde sans Dieu, une société sans

religion, une famille sans loi, une vérité sans principe,
une justice sans sanction, une liberté sans devoir, une
morale sans responsabilité, une vie sans lendemain, une
âme sans avenir, et la souveraineté du nombre faisant
planer au-dessus de toutes ces ruines le despotisme d'une
force aveugle, tel est le dernier mot de ce qu'on appelle l'affranchissement final des hommes et des peuples. (Mouvement.)

Ah ! je le sais bien, la raison se révolte ; la conscience
s'indigne ; la dignité de l'âme proteste ; la liberté résiste
à l'abjection de ces doctrines de servitude. C'est plus que
la décadence du sens chrétien ; c'est l'abdication du sens
commun. Il n'en reste pas moins que la question tend à
se poser entre l'erreur absolue et la vérité intégrale dont
l'Église catholique est la gardienne. (Très-bien !) Les si-
tuations intermédiaires seront de moins en moins te-
nables. (C'est vrai ! — Bravos.) Il faudra, qu'on le veuille
ou qu'on ne le veuille pas, choisir entre le salut de la
civilisation chrétienne par le triomphe des grandes affirmations catholiques, ou l'avénement d'une barbarie nouvelle par le succès des grandes destructions radicales.
Au-dessus de toutes les questions qui agitent notre
temps, c'est là, j'ose le dire, la question fondamentale
qui décidera de nos destinées. (Bravos et applaudissements.)

En présence de cette situation, vous avez compris,
Messieurs, que trois grands devoirs sont imposés aux
catholiques, et l'œuvre de vos comités a précisément
pour but de leur en faciliter l'accomplissement ; ils doivent affirmer leurs doctrines, unir leurs cœurs, concerter
leurs efforts.

Oui, nous devons affirmer notre foi (Très-bien !), sans

ostentation, mais aussi sans faiblesse. Dans les jours de lutte, la fidélité cachée, le recueillement solitaire ne suffisent plus. Quand le mal a toutes les audaces, il faut que le bien ait tous les courages. Nous pouvions garder la croix de Jésus-Christ sur notre cœur quand elle était pour tous un objet de respect; mais si elle devient un objet de raillerie ou d'outrage, nous sommes tenus de la porter sur notre front et de dire hautement qui nous sommes. (Bravos.) L'affirmation est toujours une puis‑ sance lorsqu'elle émane de cœurs droits et d'âmes sin‑ cères; elle est en tout cas notre premier devoir envers la vérité. (Applaudissements.)

S'affirmer, ce n'est pas assez; il faut encore s'unir. Ah! là division, c'est, sur le terrain politique, la grande fai‑ blesse du bien dans les temps troublés que nous traver‑ sons. En marchant au même but, on est en désaccord sur les moyens. En paraissant accepter les mêmes prin‑ cipes, on se sépare sur leur portée et leur application. A travers ces divisions, le mal passe et ne tarde pas à con‑ fondre dans l'épreuve ceux que le sentiment d'une pré‑ servation nécessaire n'a pu réunir.

Savez-vous pourquoi, Messieurs, l'union, dans cet or‑ dre d'idées et d'intérêts, ne se fait pas dans les volontés? C'est que l'unité n'existe pas dans les doctrines. (C'est cela! Très-bien! Applaudissements.) Eh bien, cette unité, qui manque partout, nous, catholiques, nous la possédons, et nous sommes les seuls à la posséder. On constitue contre nous des unités factices et passagères, dont la pro‑ testation contre nos principes est l'unique lien, et qui se forment par la coalition des systèmes les plus divers et quelquefois les plus opposés. C'est l'unité dans la néga‑ tion, unité facile, mais inféconde, et d'où ne peuvent jamais sortir que des ruines. L'unité dans l'affirmation, la véritable unité, celle qui édifie, celle qui crée les sociétés et qui les relève, c'est la nôtre. Nous en avons le privilége, sachons en comprendre la grandeur et nous en approprier le bienfait. (Applaudissements.)

Donc, entre nous, plus de dissentiments, plus de distinctions, plus de ces dénominations arbitraires qui ne sauraient désormais avoir leur raison d'être. Quelles que fussent hier nos loyales divergences sur des points de doctrine non définis ou sur des questions d'opportunité non résolues, l'Église a parlé, le souverain Pontife a ratifié ; nous avons tous du même cœur confessé notre fidélité ; la cause est finie. (Bravo ! bravo ! Salve d'applaudissements.)

Ne sommes-nous pas d'ailleurs les fils de cette grande solidarité chrétienne dont Dieu est le principe, dont Jésus-Chrit est le lien, dont l'Église est le centre et qui relie la terre au ciel et les hommes entre eux dans ce magnifique dogme dont le nom est si écrasant pour notre faiblesse, la communion des saints ? Inspirons-nous de cette fraternelle croyance. Nous avons la même cause à faire triompher, les mêmes adversaires à combattre. Marchons à cette lutte pacifique, les rangs serrés, les cœurs unis, les mains jointes, et tâchons de mériter qu'on dise de nous ce qu'on disait autrefois des premiers chétiens : « Voyez comme ils s'aiment. » (Applaudissements prolongés).

Mais cette union, Messieurs, ne doit pas rester spéculative et inerte ; il faut que ce soit une union vivante et agissante. Sans une action commune et concertée, l'œuvre de défense religieuse et sociale à laquelle nous voulons coopérer serait fatalement inefficace.

Votre digne président de l'année dernière (1) vous le disait avec une haute raison, et je n'ai pas à revenir après lui sur des considérations que je ne pourrais qu'affaiblir en les reproduisant : « L'individualisme est une des plaies de notre époque. » Si on examine en effet, sans parti pris de faveur ou de dénigrement, l'état actuel de notre société française, à côté du mal qui se déploie, que d'éléments de bien ! Et comme ce sont après tout les plus nombreux et les plus vivaces ! Il y a eh France, je ne crains pas de l'affirmer, tout ce qu'il faudrait de courage, d'abnégation, de générosité, de foi et d'honneur pour sauver dix peuples. (Rires et applaudissements.) Pourquoi donc ces forces morales sont-elles, à beaucoup d'égards, frappées d'impuissance, et comment ne suffisent-elles pas à faire le contre-poids des passions qui nous troublent et des dangers qui nous menacent ? Ce qui leur manque, Messieurs, ce qui a manqué à notre armée pour la victoire, ce qui manque à notre nation pour son relèvement, c'est la cohésion, c'est le lien, c'est la discipline, c'est la multiplication des forces par le concert des efforts ; c'est que là où l'on devrait rencontrer l'action collective d'énergies groupées sous une direction commune, on ne voit apparaître trop souvent que la faiblesse de dévouements isolés. (C'est vrai ! très bien !)

Oui, l'individualisme a tout diminué ; il n'y a plus de lien à proprement parler entre les différentes classes de la société ; il n'y a plus de lien entre les hommes de la même classe. Deux forces sont seules debout et en présence ; la force de l'État qui, par la centralisation, crée une unité de contrainte où toutes les initiatives viennent

(1) M. le Dr Frédault.

s'absorber, et la force du nombre qui, à des intervalles périodiques, reprend pour un jour son indépendance et décide, par le hasard des impressions, de tous les grands intérêts du pays. C'est là, Messieurs, un état contre nature ; et s'il ne nous appartient pas d'en modifier le principe, c'est notre devoir, du moins, d'en tempérer les conséquences.

Donc, Messieurs, affirmons-nous, unissons-nous et agissons de concert.

Voilà des écoles chrétiennes à fonder ; en voilà d'autres qui périssent faute de ressources ; que les comités catholiques soient là pour les aider ou les soutenir. (Très-bien !)

Voilà une liberté religieuse en souffrance, une fondation chrétienne qui veut naître et qui rencontre des obstacles dans la prise de possession de son droit ; que les comités catholiques soient là pour les protéger et les défendre. (Très-bien ! très-bien !)

Voilà une association qui se forme dans un but de travail honnête ou d'assistance mutuelle ; que les comités catholiques soient là pour la patronner et y faire pénétrer l'esprit chrétien.

Voilà des populations ouvrières qui, livrées à elles-mêmes, n'auraient que de bons instincts et de généreux sentiments. La mauvaise presse les pervertit ; les sociétés secrètes s'en emparent ; de funestes influences les entraînent. Que les comités catholiques soient là, s'adressant à la fois à l'esprit et au cœur des ouvriers, les retenant par la raison et les conquérant, s'il le faut, à force de dévouement. (Applaudissements.)

Voilà une jeunesse chrétienne qui voudrait garder l'honneur de ses principes et la dignité de sa vie ; isolée, elle lutte avec courage ; mais mille périls l'environnent, mille séductions l'attirent ; elle va défaillir. Que les comités catholiques soient là pour lui offrir un encouragement et un asile.

Voilà des réformes qui se préparent pour faire entrer, par exemple, dans la législation les trois grands principes du repos du dimanche, de l'aumônerie militaire, de la liberté de l'enseignement supérieur ; voilà des œuvres qui se fondent pour seconder l'action de ces lois désirées et en obtenir des résultats féconds pour la dignité morale du pays, pour la rénovation de notre armée, pour les progrès et l'honneur de l'esprit français. Que les comités catholiques soient là, par leur initiative ou par leur coopération, pour s'associer à toutes ces nobles tentatives. (Très-bien ! très-bien !)

Voilà un vaste système de pétitionnement qui s'était organisé pour demander, sous le nom d'enseignement obligatoire et laïque, la déchristianisation de nos écoles, et par elles de l'âme du pays ; les comités catholiques ont été là pour susciter la protestation des familles chrétiennes, et un million de signatures sont venues revendiquer les droits de Dieu et les droits du père dans l'éducation. (Bravo ! — Double salve d'applaudissements.)

Eh bien, que nos comités soient là de même pour opposer toujours la propagande du bien à la propagande du mal, l'affirmation de la vérité à la prédication de l'erreur, l'énergie qui défend le droit à l'audace qui le viole, le respect du devoir au mépris de la règle, le dévouement qui unit les cœurs à l'envie haineuse qui les sépare, la foi qui cimente à la négation qui dissout ! Qu'on les trouve partout où il y aura de bons principes à défendre, des faiblesses à soutenir, des droits à protéger, la religion à honorer, la France à servir. (Applaudissements prolongés.)

On a souvent répété que « les catholiques excellent dans la vie privée, mais succombent dans la vie publique ». Sans nous appliquer la part d'éloges qui se trouve dans cette appréciation, ne devons-nous pas reconnaître que nous avons plus ou moins mérité la part de critique qu'elle renferme? Eh bien, le moment est venu de nous en relever; et ne disons pas que la cause de Dieu se défend par elle-même. Elle n'en est pas, il est vrai, à ses premières luttes; toujours attaquée, elle a toujours triomphé; et l'avenir, quel qu'il soit, verra toujours de nouvelles attaques lui ménager de nouveaux succès. Nous n'avons donc rien à craindre pour elle; mais nous avons tout à craindre pour nous-mêmes. On a dit avec raison que cette cause sacrée « ne triomphe qu'au profit de ceux qui savent la défendre »; si donc nous voulons être de moitié dans la victoire, prenons vaillamment notre part dans le combat. (Bravos! Trèsbien!)

Aussi bien, cette cause n'est pas seulement la cause de la religion, c'est aussi la cause de la patrie. La France, Messieurs, a besoin de l'Église.

Vainement on affecte de proclamer qu'entre les vieilles doctrines du catholicisme et les nouvelles aspirations de la France moderne, il y a incompatibilité. Ce qui est vrai, c'est que ces aspirations, à les prendre dans ce qu'elles ont de fondé, de généreux, de légitime, de véritablement libéral, sont d'origine chrétienne, et que leurs funestes exagérations tiennent précisément à la part d'erreurs que la Révolution y a mêlées et que le catholicisme n'accepte pas.

Vainement on attaque l'Église au nom du progrès, de la liberté, de la civilisation. Ces mots et ces choses lui appartiennent; nous les revendiquons pour elle.

Est-ce donc que l'Église n'avait pas ses conciles avant que nous eussions nos assemblées parlementaires? Est-ce qu'elle n'avait pas érigé en dogme l'égalité de tous les hommes devant Dieu avant que nous eussions reconnu leur égalité devant la loi? Est-ce qu'elle n'avait pas admis les plus humbles chrétiens aux honneurs les plus élevés de son sacerdoce, avant que nous eussions consacré le principe de l'admissibilité de tous les citoyens aux charges publiques?

Est-ce que dans ses ordres religieux, qui étaient comme autant de sociétés vivant de sa vie et s'inspirant de son esprit, elle n'avait pas pratiqué avec une sincérité que nous ne savons, hélas! ni imiter, ni atteindre, l'élection par suffrages, le vote tantôt universel, tantôt restreint, avant que nous eussions commencé la série toujours ouverte de nos lois électorales?

Est-ce qu'elle n'avait pas créé le patrimoine des pauvres, avant que nous eussions établi nos bureaux de bienfaisance? Est-ce que saint Vincent de Paul n'avait pas suscité les sœurs de Charité, avant que nous eussions légalement constitué nos hospices?

Est-ce que le vénérable de la Salle n'avait pas fondé l'Institut des Frères des écoles chrétiennes pour l'instruction du peuple avant que nous eussions organisé nos écoles primaires? Est-ce que l'Église n'avait pas couvert la France de maisons de haute éducation, avant que nous eussions fondé nos lycées et nos facultés universitaires? Est-ce qu'elle ne nous a pas d'ailleurs gardé et transmis, par ses moines, les trésors des littératures antiques? Est-ce qu'on ne retrouve pas son empreinte dans les grands monuments de la littérature et de l'art modernes? Est-ce que, de nos jours encore, de Chateaubriand au P. Lacordaire, du comte de Maistre au comte de Montalembert, les gloires littéraires les plus brillantes n'ont pas été des gloires catholiques? Est-ce que tous ces sentiments élevés et délicats qui nous semblent être la conquête des temps nouveaux, le souci de l'honneur et du droit, le respect de la dignité humaine, la compassion pour la faiblesse et pour le malheur, l'amour du pauvre, la sympathie pour les humbles, le noble désir de les élever, de les grandir en moralité et en bien-être, ne sont pas la marque et comme la distinction de la civilisation chrétienne telle que l'Église l'a faite? Est-ce que le christianisme et la civilisation ne sont pas tellement identiques que les frontières de l'un fixent en quelque sorte les limites de l'autre? (C'est cela! très-bien!)

Et à un autre point de vue, est-ce que l'Église n'avait pas stipulé pour la liberté des peuples, avant que nous eussions borné les prérogatives des pouvoirs? Est-ce qu'elle n'avait pas scellé du sang de ses martyrs, consacré par la distinction du spirituel et du temporel, sauvé dans les grandes luttes du sacerdoce et de l'empire, le principe de la liberté des âmes, bien longtemps avant que nous eussions inscrit la liberté de conscience dans nos constitutions? Est-ce qu'elle n'avait pas promulgué la grande charte des devoirs de l'homme, avant que nous eussions proclamé la fastueuse, impuissante et trop souvent dangereuse déclaration de ses droits? Est-ce qu'enfin les vrais titres du genre humain ne remontent pas au Calvaire? Est-ce que l'Église n'en a pas toujours été, quoi qu'on dise, la fidèle gardienne, et est-ce que

Montesquieu a vraiment eu la gloire de les retrouver?
(Bravo! Applaudissements.)

Les bienfaits de l'Église, Messieurs, sont comme les
étoiles du firmament. Leur éclat n'est égalé que par leur
nombre. Mais j'en ai dit assez pour avoir le droit de
conclure qu'il n'est aucun vrai progrès dont l'Église n'ait
été l'initiatrice, et dont elle n'ait fourni à la fois l'exemple et le modèle.

Elle ne répudie donc rien de ce qui peut concourir à
l'honneur, à l'éclat, à la prospérité, à la grandeur intellectuelle et morale des nations, de ce qui peut élever
l'homme et améliorer son sort.

Ce qu'elle ne veut pas, ce qu'elle répudie, c'est l'indépendance aboutissant à la révolte contre les lois di-
vines et humaines; c'est la liberté dégénérant en oppo-
sition; c'est l'insurrection se proclamant le droit, parce
que, dans un jour de surprise, elle devient la force; c'est
l'enseignement séparé de la religion et ravissant à Dieu
des âmes qui lui appartiennent; c'est la domination de
la libre pensée, confisquant les droits de la conscience
religieuse sous le couvert de la liberté des croyances;
c'est surtout cette erreur fondamentale de l'État sans
Dieu, de la loi athée, dont le décevant mirage nous aveugle depuis trois quarts de siècle, et qui ne nous a permis,
hélas! que de construire sur un sol toujours mouvant
des fondations toujours croulantes. (Sensation prolongée.)

Eh bien, Messieurs, je vous le demande, entre les
illusions du siècle et les réserves de l'Église, où est
la vérité sociale? Où est la garantie du repos, de la dignité, de la liberté des peuples? Le temps a marché; les
événements se sont déroulés; les catastrophes nous ont

apporté leurs redoutables leçons. Qui ne peut voir aujourd'hui tout ce qu'il y a de sens profond, de sagesse supérieure, de sûreté de principes, je dirai même d'utilité pratique et expérimentale dans les réserves de l'Église?

Mais ce n'est pas assez de reconnaître que l'Église n'est pas incompatible avec la France moderne : j'ajoute qu'elle lui est nécessaire. (Très-bien !)

Nous aspirons à l'ordre. C'est en effet le premier bien des sociétés ; c'est le plus impérieux besoin de notre époque tourmentée. Mais entre l'ordre fondé sur le respect et l'ordre fondé sur la contrainte, il faut choisir. Quand un peuple ne s'incline pas devant la force de la loi, il faut qu'il subisse la loi de la force. Si donc nous voulons l'ordre véritable, ne repoussons pas l'Église. C'est la grande école de l'autorité et du respect. Elle fait l'ordre moral dans les âmes, et par là elle donne à l'ordre matériel la seule garantie qui puisse en assurer la dignité, l'efficacité et la durée. (Très-bien ! très-bien !)

Nous aspirons à la liberté. Est-ce que l'Église condamne cette noble ambition?

Ah ! Messieurs, je songe à ceux qui luttent et qui souffrent à cette heure pour la sainte cause de l'affranchissement des âmes ; je songe à notre souverain Pontife, le saint et illustre Pie IX, à ce courageux et éloquent évêque de Genève, à tous les autres généreux champions de la liberté catholique sur les divers points du globe ; je les vois opposant tous, avec une fermeté indomptable, le *non possumus* du droit imprescriptible aux usurpations de la violence et aux iniquités de la force ; mon cœur s'émeut avec le vôtre à cette pensée, et je salue en eux les grands défenseurs de la liberté du monde. (Bravos et applaudissements prolongés mêlés des cris de : Vive Pie IX! Vive Mgr Mermillod!)

Viennent des épreuves nouvelles, et l'on reconnaîtra une fois de plus que, même lorsqu'elle a raison de tout le reste, la tyrannie humaine se heurte impuissante à la conscience catholique, et ne peut lui arracher du moins cette liberté suprême que, selon une parole célèbre, la mort donne toujours, comme un dernier refuge, à ceux qui la méprisent.

Nous avons donc le droit, nous catholiques, de parler de la liberté avec autant de fierté que personne.

Mais la vraie liberté n'est pas le mépris de la loi; c'est son acceptation volontaire. Elle implique sans doute une diminution de coaction légale; mais elle exige par cela même un accroissement correspondant de garanties morales. Qu'il s'agisse d'un homme ou d'une nation, être libre ce n'est pas braver la règle et la violer impunément; c'est la respecter sans contrainte extérieure et l'accomplir sans obstacle. Voilà la liberté des grands cœurs et des grands peuples; on n'y atteint et on on ne la garde qu'à condition d'en être digne. Si donc nous voulons une liberté qui soit, non pas une fausse enseigne, mais une réalité vivante, laissons faire l'Église. Seule, elle a le secret de l'obéissance qui affranchit et de la liberté qui se modère elle-même; seule, elle sait remplacer l'action répressive de la loi par la libre prépondérance du devoir.

Dans les sociétés antiques, Messieurs, la liberté ne fut jamais qu'une forme déguisée de tyrannie; elle était, au profit de ceux qui en avaient le privilége, un instrument de domination sur des masses esclaves; rien de plus.

« La liberté véritable, la liberté de tous et pour tous,
l'illustre Donoso Cortès le disait en 1849 dans un mémo-
rable discours, elle n'est venue au monde qu'avec le
Sauveur du monde. » Elle n'y restera qu'avec lui et par
lui. Toujours et partout, depuis l'avénement du christianisme, quand la religion baisse, c'est le despotisme qui
monte; quand l'impiété domine, c'est la liberté qui suc-
combe. Telle est la loi de l'histoire, et de récents évé-
néments nous en ont apporté la confirmation. (Mouvement.)

L'ordre dans la vraie liberté, c'est la justice. Mais, au-
delà de la justice, il y a un devoir, non pas plus haut,
mais plus large, qui, lui aussi, a sa racine dans la conscience, et qui de la conscience passe dans le cœur
pour provoquer ses élans et étendre son action : j'ai
nommé la charité.

La charité, Messieurs, a un rôle social immense; elle
est le lien social lui-même, le complément de la justice,
l'auxiliaire et le correctif de la liberté. La liberté, c'est
le droit, et le droit dans l'homme est égoïste de sa nature;
la charité, c'est le devoir, le devoir qui se donne, le devoir qui se dévoue; c'est la face généreuse de l'humanité.
Nous avons de notre temps de formidables questions so-
ciales; la liberté seule ne suffira pas à les résoudre; il y
faudra par surcroît ces deux formes de la charité qui
s'appellent l'association et le patronage, l'association
qui, comme le disait un éminent professeur de la Faculté
de Louvain, « est la charité des petits entre eux, le patronage qui est la charité des grands envers les petits »,
(Très-bien ! C'est cela ! Applaudissements !) deux forces
qui peuvent seules, en s'acceptant réciproquement et se
coordonnant dans un concert fécond, substituer l'al-

liance à l'antagonisme et donner à l'action charitable toute sa puissance.

Ici encore, Messieurs, faisons place à l'Église. « C'est elle, disait Mgr l'évêque d'Orléans dans son magnifique langage, qui a créé le capital de la charité; c'est elle qui a créé la charité elle-même. » Oui, le jour où la religion, avec sa maternelle influence, pénétrera dans les associations ouvrières pour les régler et les féconder, dans les patronages pour y faire prévaloir l'amour de l'ouvrier, le respect de sa dignité, le souci de son avenir, le jour où elle fera prédominer dans ces institutions unies les grandes inspirations de la charité catholique et la force morale de l'honneur chrétien, ce jour-là, il n'y aura plus de question sociale. Jusque-là, redoutons les tempêtes qui pourront sortir de son sein.

Donc, Messieurs, la France a besoin de l'Église; mais j'ose ajouter que l'Église a besoin de la France, en ce sens, que Dieu, je l'espère, n'a pas déshérité notre patrie de ce que le P. Lacordaire appelait la grande vocation de la nation française.

L'arianisme vaincu, le mahométisme refoulé, la papauté temporelle fondée, le grand mouvement des croisades dont Rome était la tête, mais dont la France était le bras armé, une suite de guerriers et de saints qui ont servi l'Église par leur courage ou l'ont illustrée par leurs vertus, une littérature catholique d'un incomparable éclat, la science et l'éloquence au service de la foi : voilà nos titres dans le passé.

Avons-nous répudié ce glorieux héritage? Non, Messieurs : quelles que soient les clameurs du jour, j'affirme, pour l'honneur de notre pays, que nous voulons l'accepter. J'ai dû, c'était une nécessité de mon sujet, montrer nos faiblesses et nos périls; j'ai à cœur de vous dire, en terminant, nos forces et nos espérances.

Si, depuis le commencement de ce siècle, le catholicisme a trouvé, en France, des ennemis acharnés, il y a rencontré aussi des défenseurs dont la gloire a consacré les œuvres. Il a eu ses penseurs et ses écrivains, ses philosophes et ses historiens, ses orateurs et ses poëtes. Les voûtes de nos cathédrales ont souvent retenti et retentissent encore d'accents où nous retrouvons tour à tour le doux éclat de Massillon, la vigueur éloquente de Bourdaloue, l'âme de Fénelon; laissez-moi ajouter qu'en certains grands jours de notre jeunesse évanouie, il nous a semblé y entendre quelquefois le tonnerre de Bossuet.

Le clergé de Paris, si noblement représenté dans cette enceinte, déploie dans une tâche difficile des vertus et des talents entre lesquels notre admiration se partage; et à sa tête nous rencontrons un prélat selon le cœur de Dieu, devant lequel je suis heureux de m'incliner en ce moment, et qui réunit dans un saint assemblage la fermeté d'une haute raison et la sagesse d'une expérience consommée, la science du docteur et le zèle infatigable de l'apôtre, la simplicité qui attire la sympathie et l'austérité qui commande le respect, la charité qui gagne les âmes et l'autorité de persuasion qui s'impose aux intelligences. (Tout l'auditoire se tourne vers Mgr Guibert et éclate en applaudissements.)

Jamais, d'ailleurs, nous n'eûmes en France un épiscopat plus éminent et plus justement vénéré, un sacerdoce plus respectable et plus éclairé. Les ordres religieux renaissent; hier encore, nous avions nos martyrs qui tombaient dans nos rues en offrant leur vie « pour le bon

Dieu », et les missions étrangères voient sans cesse notre pays leur envoyer de nouveaux apôtres.

Mais, en descendant même de ces sommets, on retrouve partout les traces manifestes d'un renouvellement de vie catholique.

Le sol se couvre d'églises nouvelles; les anciennes doivent s'élargir pour suffire à la foule croissante des croyants; les maisons d'éducation chrétienne sont soutenues par la confiance des familles. Les œuvres du dévouement catholique se multiplient; l'obole des fidèles fait à la pauvreté du Saint-Père une dotation presque royale; la religion reprend son empire dans de nombreux foyers.

Quel est donc le sentiment de ces populations qui se portent en masse, dans de pieux pèlerinages, vers des sanctuaires vénérés? Inclinons-nous, Messieurs, devant ces imposantes manifestations. C'est la France qui, comme nation, renouvelle le pacte de l'antique alliance. Enfin ce lieu même (1) où nous sommes réunis, et où nous recevons une hospitalité si bienveillante, voit chaque année affluer dans ses murs une jeunesse croyante et studieuse, généreuse et vaillante, qui est l'espoir de notre avenir et qui en sera l'honneur. (Bravos et applaudissements.)

Il y a donc encore, grâce à Dieu, une France catholique. (Oui! oui!) Éprouvée comme l'Église, elle se relèvera avec elle et par elle. Dieu, on l'a dit, est patient, parce qu'il est éternel. Son jour peut se faire attendre; il viendra à coup sûr. Ce jour sera celui du triomphe de l'Église; j'ai l'invincible confiance que ce sera aussi le jour de notre renaissance nationale.

(1) Le cercle catholique du Luxembourg.

A nous, Messieurs, dans la modeste mesure de notre action, d'en préparer l'avénement. L'œuvre est immense et nous ne sommes sans doute qu'un bien faible instrument. Qu'importe? On est toujours fort quand on sent l'Église à sa droite, la patrie à sa gauche, et qu'on travaille avec bonne volonté et surtout avec union à la glorification de l'une et au salut de l'autre. Courage donc; jetons la semence; creusons le sillon; la moisson viendra quand il plaira à Dieu. (Bravos et applaudissements prolongés. Mᵍʳ Guibert se penche vers l'orateur, dont il prend les mains pour le féliciter. La salle répond à ce témoignage, qui exprime si bien ses propres impressions, par une nouvelle salve d'applaudissements.)

Paris. — Typographie Georges Chamerot , rue des Saints-Pères, 19.

9 782012 980549